Hermann-Josef Frisch

UNSER LEBEN SEI EIN FEST

Gebetbuch für Kinder von 9–13 Jahren

Illustriert und gestaltet von Hanne Schulz

Patmos Verlag Düsseldorf

Stichwortverzeichnis

CIP-Titelaufnahme der Deutschen Bibliothek
Frisch, Hermann-Josef:
Unser Leben sei ein Fest: Gebetbuch für Kinder von 9 bis 13 Jahren / Hermann-Josef Frisch. – 2. Aufl. – Düsseldorf: Patmos Verl., 1991
ISBN 3-491-79310-6

2. Auflage 1991
Satz: Satz + Layout Werkstatt Kluth GmbH, 5042 Erftstadt
Druck und Bindung: Rasch, Bramsche
ISBN 3-491-79310-6

Inhalt

Gebetsschule für Kinder

1. HALLO, HIER BIN ICH

Hallo, hier bin ich,
David, zwölf Jahre.
Ich fahre jetzt zu meinen Freunden.
Wir wollen zum Park, Fußballspielen natürlich.
Endlich mal raus nach der Schule heute morgen.
Ich freue mich immer,
wenn ich mit Torsten und Michael zusammen bin.
Wir gehen auch gemeinsam schwimmen
und zur Gruppe ins Jugendheim.
Danke.

Gute und böse Tage in meinem Leben,
Freude und Kummer, Glück und Leid.
Gott, begleite mich mit deinem Segen
alle Tage bis in Ewigkeit.

Eine Woche beginnt,
was wird sie bringen?
Übermorgen auf jeden Fall
die Mathearbeit.
Davor habe ich Angst,
Mathe ist nicht meine starke Seite.
Am Mittwoch hat Torsten Geburtstag,
da machen wir eine Fête
bei Beckers im Keller.
Donnerstag ist Gruppe,
wir wollen eine Fahrradrallye unternehmen.
Diese Woche muß ich unbedingt
mein Zimmer aufräumen.
Mutter ist schon ganz sauer.
Ganz gleich, was diese Woche bringt,
sei du bei mir und schütze mich.

Hallo,
ich bin Sara,
einseinundvierzig groß
und zweiunddreißig schwer,
im dritten Schuljahr
und gut in Kunst.
Am liebsten male ich
mit Wasserfarben.
Bald gehe ich zur Erstkommunion.
Ich freue mich schon darauf.
Manchmal bin ich auch traurig:
wenn ich daran denke,
daß Vater nicht bei uns ist,
oder wenn David von oben
wieder Streit anfängt.
Aber meistens bin ich fröhlich.
Gott, ich freue mich,
daß ich lebe.

Gott, mein Leben hat viele Seiten,
Gutes und Böses gibt es in mir.
Ich bitte, daß du mich begleitest,
du, guter Gott, ich danke dir.

Danke

Danke
für mein Leben.
Danke
für meine Freunde.
Danke
für die Gesundheit.
Danke
für unser Spiel.
Danke
für Essen und Trinken.

Danke,
daß Menschen mir helfen.
Danke
für die Ferienfahrt.
Danke
für meinen Körper.
Danke
für allen Spaß.
Danke für alles,
guter Gott.

Gebete am Abend

Gott, bevor ich einschlafe,
komme ich noch einmal zu dir.
Ein langer Tag ist zu Ende, und ich bin müde.
Vieles war heute schön und hat Spaß gemacht.
Danke, guter Gott,
du bist mein Freund und hast mich gern.
Manches war nicht ganz in Ordnung.
Verzeih mir und hilf, daß ich es morgen besser mache.
Bitte, guter Gott,
du bist mein Freund und hast mich gern.
Schenke mir jetzt eine gute Nacht.
So segne mich
und alle Menschen
der Vater, der Sohn und der Heilige Geist.
Amen.

So ein schöner Tag,
es war richtig toll heute.
Schon morgens war ich in Stimmung,
alles hat heute geklappt,
in der Schule und auch zu Hause.
Ich bin ganz glücklich,
froh über diesen Tag.
Laß es morgen auch so gut sein.
Schenke mir immer wieder solche Tage.

Ich bin jetzt todmüde.
Das war ein bißchen viel heute.
Ich kann keinen klaren Gedanken mehr fassen.
Ich will dir jetzt nur noch kurz danke sagen.
Laß mich jetzt gut schlafen
und ausruhen für morgen.
Gute Nacht, lieber Gott.

Ein ganz normaler Tag

Morgens Schule, so das Übliche,
nachmittags Hausaufgaben und Fußballspielen,
dann Gruppenstunde im Jugendheim,
aber auch nichts Neues.
Eigentlich ein ganz normaler Tag.
Herr, laß mich auch für diese Tage dankbar sein.
Danke, daß ich gesund geblieben bin,
danke, daß ich zu essen hatte,
danke, daß Menschen für mich gesorgt haben.
Schenke mir jetzt eine gute Nacht.

Nichts hat geklappt

Heute ist alles schief gegangen.
Irgendwie bin ich mit dem falschen Bein aufgestanden.
Gleich beim Frühstück gab es Krach,
eigentlich wegen gar nichts.
In der Schule nichts wie Ärger.
Und heute nachmittag habe ich auf Steffi gewartet,
und sie ist nicht gekommen.
Ich bin richtig sauer.
Aber manches bin ich wohl auch selber schuld.
Herr, verzeih mir
und laß es mich morgen besser machen.

Gespannt auf morgen

Heute abend bin ich ganz aufgeregt.
Der Gedanke an morgen läßt mich nicht einschlafen.
Das wird ein wichtiger Tag für mich,
und so bin ich ganz unruhig.
Beschütze mich morgen.
Gib mir die Kraft, das Richtige zu tun.
Begleite mich und alle Menschen mit deinem Schutz.
Und laß mich so anderen helfen, wie du mir hilfst.

Gebete am Morgen

Gott, heute morgen komme ich zu dir:
Du sorgst für mich.
Du beschützt mich.
So gehe ich voll Vertrauen in den neuen Tag.
Vieles muß ich heute tun
zu Hause, in der Familie, in der Schule.
Hilf, daß ich alles gut mache.
Aber ganz gleich, was passiert,
du bist bei mir,
du verstehst mich,
du nimmst mich an,
auch wenn ich einmal Mist baue,
du läßt mich nicht allein.
Gott, ich danke dir.

Guter Gott,
ich danke dir für die Nacht.
Danke auch für den neuen Tag.
Laß mich viel erleben heute.
Schenke mir viel Zeit zum Spielen
und gutes Essen.
Hilf, daß es keinen Streit gibt.
Segne mich,
du Vater, Sohn und Heiliger Geist.
Amen.

Gott, jeden Tag spüre ich deine Liebe.
Du läßt mich nicht allein.
Laß mich deine Liebe weitergeben.
Mach mich zu einem Boten der Freude für Trauernde.
Mach mich zu einer Brücke des Friedens für Streitende.
Mach mich zu einem Licht der Hoffnung für Mutlose.
Mach mich zu einem Werkzeug deiner Liebe.

Freude

Ich freue mich auf den neuen Tag.
Die Sonne scheint, und ich habe gute Laune.
Ich denke an das, was mich heute erwartet:
Zuerst die Schule, na ja, muß ja sein.
Heute nachmittag bin ich bei Monika eingeladen,
ich bin gern bei ihr, wir haben uns viel zu erzählen.
Gott, ich freue mich auf den Tag.
Beschütze mich und alle Menschen.
Hilf, daß kein Unglück passiert,
und schenke uns immer etwas zum Lachen.

Noch müde

Ich will noch nicht aufstehen.
Am liebsten würde ich mich rumdrehen
und einfach weiterschlafen.
Und Lust, in die Schule zu gehen,
habe ich auch nicht, immer dasselbe.
Gib mir einen Ruck, Herr,
daß ich den Tag nicht so lustlos anfange.
Laß mich das tun, was nötig ist,
aber laß mich auch Freude erleben,
heute und jeden Tag.

Sorgen

Ich habe ein bißchen Angst vor diesem Tag.
Mir liegt da einiges im Magen.
Ob das wohl gutgeht, oder ob ich Ärger kriege?
Vielleicht kann ich doch noch etwas ändern.
Gott, gib mir Kraft für den heutigen Tag.
Laß mich nicht mutlos werden.
Bewahre mich vor Unheil und Bösem.
Laß mich denken, reden und tun,
was recht ist vor dir.
Segne mich durch Christus, unseren Herrn.

Grundgebete der Christen

Im Namen des Vaters und des Sohnes
und des Heiligen Geistes. Amen.

Vater unser im Himmel,
geheiligt werde dein Name.
Dein Reich komme.
Dein Wille geschehe,
wie im Himmel so auf Erden.
Unser tägliches Brot gib uns heute.
Und vergib uns unsere Schuld,
wie auch wir vergeben unsern Schuldigern.
Und führe uns nicht in Versuchung,
sondern erlöse uns von dem Bösen.
Denn dein ist das Reich und die Kraft
und die Herrlichkeit in Ewigkeit.
Amen.

Ehre sei dem Vater und dem Sohn
und dem Heiligen Geist,
wie im Anfang,
so auch jetzt und alle Zeit
und in Ewigkeit.
Amen.

Gegrüßet seist du, Maria,
voll der Gnade,
der Herr ist mit dir.
Du bist gebenedeit unter den Frauen,
und gebenedeit ist die Frucht deines Leibes, Jesus.
Heilige Maria, Mutter Gottes,
bitte für uns Sünder,
jetzt und in der Stunde unseres Todes.
Amen.

Ein Mensch kam zu einem Weisen: »Ich weiß nicht, was Beten ist. Zeige es mir!« Der sagte: »Eigentlich ist es mit dem Beten ganz einfach. Sag Gott, wie es dir geht und was du machst und denkst. Alles Weitere geht dann schon von selbst.«

Vielen fällt Beten schwer – Dir auch? Unsere kleine Gebetsschule für Kinder will dir helfen, gut zu beten. Also hier und auf den folgenden Seiten ein paar Anregungen, damit Dir das Beten nicht so schwerfällt.

Zuerst einmal: Gebete müssen gar nichts Schwieriges und Kompliziertes sein. Es müssen auch nicht auswendig gelernte Texte sein, die sich irgendwann einmal ein anderer ausgedacht hat. Viel besser ist es, wenn Du mit Deinen eigenen Worten zu Gott sprichst. Erzähl ihm doch einfach von Deinem Leben, von dem, was Du gerade machst, was Du vorhast, was gewesen ist. Sprich zu ihm so, wie Du mit einem guten Freund sprichst. Und versuch gar nicht erst, so eine Sondersprache zu gebrauchen, wie Menschen vielleicht früher gebetet haben. Erzähl Gott lieber in Deinen eigenen Worten und mit Deiner Sprache.

- Erzähl von Dir: Was macht Dir Spaß? Was hast Du heute erlebt? Was war nicht schön? Was möchtest Du tun? Was macht Dir Sorge?
- Wenn Schönes war, sag einfach »Danke«. Wenn es Schlimmes gibt, sag einfach »Bitte«.
- Du darfst Gott auch Fragen stellen, er versteht Dich. Vor allem: Sei froh, daß Du mit Gott reden kannst.

Gebetsschule für Kinder 1

Beten heißt: Gott alles sagen können.

2. GOTT, GEHEIMNIS UNSERES LEBENS

Gott,
wenn ich dich doch sehen könnte
wie einen anderen Menschen.
Wenn ich dich doch hören könnte
wie einen, mit dem ich mich unterhalte.
Wenn ich dich doch spüren könnte
wie einen Freund.

Manchmal ahne ich etwas von dir.
In meinem Innersten fühle ich etwas von dir.
Ich spüre, daß du da bist.
Ich merke, wie du mich greifst.
Ich fühle, wie du mich erfüllst.

Gott,
ich suche nach dir,
ich suche dich im Beten,
ich suche dich in anderen Menschen,
ich suche dich überall in der Welt.

Gott,
du bist mir oft so fremd,
du bist wie ein großes Geheimnis,
du bist das Geheimnis meines Lebens.
Komm und zeige dich mir.

Ich frage nach dir, Gott,
zeige dich mir.
Ich suche nach dir, Gott,
laß mich dich finden.
Ich rufe nach dir, Gott,
gib mir Antwort.

Gott, wie ein Fisch im Wasser lebt,
so lebe ich in dir.
Wie ein Vogel sein Nest hat,
so bin ich in dir geborgen.
Wie ein Freund mir hilft und mich hält,
so hältst du mich in deinen Händen.
Laß mich in dir geborgen sein
und begleite mich mit deinem Segen.

Du unbegreiflicher Gott,
manchmal fällt mir das Beten schwer.
Dann weiß ich gar nicht, was ich dir sagen soll.
Hörst du wirklich auf mein Beten?
Hast du wirklich Zeit für mich?
Verstehst du mich wirklich?
Gott, laß mich deine Nähe spüren.
Und mach mein Herz bereit für dich.

Ich sitze da und bin still.
Heute mache ich keine großen Worte beim Beten.
Ich will nur ganz ruhig werden,
damit du zu mir kommen kannst.
Ich will schweigen,
damit du zu mir reden kannst.
Ich will mich ganz öffnen,
damit du mich erfüllen kannst.

Gott,
du bist bei mir alle Tage meines Lebens,
geheimnisvoll und nicht sichtbar.
Doch nahe wie ein guter Freund.
Halte mich,
begleite mich in meinem Leben.
Zeige mir deine Nähe heute und alle Tage.
Amen.

Wenn ich froh bin

Gott, ich danke dir
für die schöne Geburtstagsfeier,
für meine Freunde, die alle da waren,
für Mutter, die einen leckeren Kuchen gebacken hat,
für das neue Rollbrett
und überhaupt,
daß ich heute so fröhlich bin.
Gott, ich danke dir.

Wenn es mir gutgeht, Gott,
denke ich oft gar nicht an dich.
Meistens bete ich nur,
wenn ich in Not bin
und dir meine Bitten sagen möchte.
Laß mich auch an dich denken,
wenn ich froh bin.
Laß mich dir danken
für das Schöne in meinem Leben.

Der Lehrer hat mich heute gelobt.
Ich hätte das sehr gut hinbekommen.
Und wenn ich so weitermache,
dann gäb's am Ende auch eine gute Note.
Ich freue mich.
Freust du dich auch, lieber Gott,
wenn wir Menschen dich loben?

Gott, du bist die Liebe.
Überall, wo ich Liebe erfahre,
spüre ich etwas von deiner Nähe.
Erfülle mich mit deiner Liebe
und gib mir Kraft,
diese Liebe weiterzugeben.

Wenn ich traurig bin

Gott, im Fernsehen habe ich traurige Bilder gesehen.
Viele Menschen sind bei dem Unglück gestorben.
Ich bin jetzt auch richtig traurig,
immer denke ich daran.
Warum eigentlich ist das so?
Muß das wirklich sein,
daß auch schon junge Menschen sterben?
Kannst du daran nichts ändern?

So ein schlechtes Wetter heute.
Dabei wollten wir mit dem Fahrrad nach draußen.
Und jetzt regnet es.
Ich bin richtig sauer.
Gott, es ist schlimm,
wenn man enttäuscht ist.
Schenke mir eine Idee,
wie ich wieder froh werden kann.

Gott, ich bitte dich für meine Freundin Nina.
Schon seit letzter Woche ist sie krank.
Sie muß noch lange im Krankenhaus bleiben.
Ich habe jetzt nachmittags keinen zum Spielen.
Richtig langweilig ist das.
Gott, laß Nina bald wieder gesund werden.
Und bis dahin gib mir ein paar Ideen,
was ich tun kann.

Gott, du bist die Hoffnung.
Ich vertraue darauf,
daß alles wieder gut wird,
daß Ärger, Streit und Not ein Ende haben.
Gott, ich vertraue dir,
daß du mir nahe bist.

Psalmen

Ich will dich rühmen, Herr!
Mein Gott, wie bist du so groß!
Pracht und Glanz sind dein Kleid,
Licht hüllt dich ein wie ein Mantel.
Die ganze Erde hast du geschaffen.
Einst bedeckte Wasser alles Land,
über den Bergen stand Wasser.
Du hast die Fluten zurückgewiesen.
Berge und Täler entstanden,
wie du es dir ausgedacht hast.
Da ist das Meer, so groß und weit!
Ein Gewimmel von Leben darin,
Tiere, groß und klein, nicht zu zählen.
Du läßt die Bäche rinnen durch die Täler.
Sie tränken die Tiere auf dem Feld.
An ihren Ufern wohnen die Vögel,
die unter dem Himmel fliegen.
Du läßt Gras sprießen für die Tiere
und Saatgrün wachsen unter der Arbeit des Menschen.
Er holt sich das Brot aus der Erde
und Wein, der sein Herz erfreut.
Gibst du deinen Atem, so entsteht alles,
und neu wird das Leben auf der Erde.
Ich will dich rühmen, Herr!
Mein Gott, wie bist du so groß!
Pracht und Glanz sind dein Kleid,
Licht hüllt dich ein wie ein Mantel.

Psalm 104

Der Name des Herrn sei gepriesen
von nun an bis in Ewigkeit.
Vom Aufgang der Sonne bis zum Untergang
sei der Name des Herrn gelobt.
Der Herr ist erhaben über alle Völker,
seine Herrlichkeit überragt die Himmel.
Wer gleicht dem Herrn, unserem Gott,
im Himmel und auf der Erde,
ihm, der den Schwachen aus dem Staub emporhebt
und den Armen erhöht, der im Schmutz liegt?
Psalm 113

Ich will dich rühmen, mein Gott und König,
ich will dich preisen Tag für Tag.
Groß ist der Herr und hoch zu loben,
seine Größe ist unerforschlich.
Ein Geschlecht verkünde dem anderen
den Ruhm deiner Werke
und erzähle von deinen gewaltigen Taten.
Sie sollen sprechen von der Kraft deiner Taten,
ich will von deinen großen Taten berichten.
Sie sollen die Erinnerung an deine Güte wecken
und über deine Gerechtigkeit jubeln.
Der Herr ist gnädig und barmherzig,
langmütig und reich an Gnade.
Psalm 145

Halleluja!
Lobt Gott für seine großen Taten,
lobt ihn in seiner gewaltigen Größe!
Lobt ihn mit dem Schall der Hörner,
lobt ihn mit Harfe und Zither!
Lobt ihn mit Pauke und Tanz,
lobt ihn mit Flöten und Saitenspiel!
Alles, was atmet, lobe den Herrn!
Halleluja!
Psalm 150

Das Apostolische Glaubensbekenntnis

Ich glaube an Gott,
den Vater, den Allmächtigen,
den Schöpfer des Himmels und der Erde,
und an Jesus Christus,
seinen eingeborenen Sohn, unseren Herrn,
empfangen durch den Heiligen Geist,
geboren von der Jungfrau Maria,
gelitten unter Pontius Pilatus,
gekreuzigt, gestorben und begraben,
hinabgestiegen in das Reich des Todes,
am dritten Tage auferstanden von den Toten,
aufgefahren in den Himmel;
er sitzt zur Rechten Gottes, des allmächtigen Vaters;
von dort wird er kommen,
zu richten die Lebenden und die Toten.
Ich glaube an den Heiligen Geist,
die heilige katholische Kirche,
Gemeinschaft der Heiligen,
Vergebung der Sünden,
Auferstehung der Toten
und das ewige Leben. Amen.

Ein kleines Glaubensbekenntnis

Wir glauben an Gott,
den Vater aller Menschen,
er hat alles erschaffen und gut gemacht.
Wir glauben an Jesus Christus,
den Sohn Gottes und unseren Bruder,
er ist für uns gestorben und auferstanden.
Wir glauben an den Heiligen Geist,
der Leben und Freude schenkt
und uns durch die Liebe verbinden will.
Wir glauben an die Gemeinschaft der Kirche,
die Menschen aus allen Völkern verbindet
im gemeinsamen Glauben an den guten Gott. Amen.

Ein Mann sagte zu einem Weisen: »Wenn ich bete, höre ich gar nichts von Gott.« Der sagte: »In eine volle Tasse kann man nichts mehr hineinschütten. Wenn du ständig selber redest, kannst du nichts hören. Werde zuerst einmal still, dann hörst du auch Gott.«

Hast Du auch schon einmal so gedacht: Jetzt bete ich zu Gott, er muß mir doch antworten. Ich höre aber nichts von ihm.
Sicher, Du wirst Gott nie so hören, wie Du Deine Eltern und Freunde mit Dir reden hörst. Aber dennoch kannst Du Gott hören, kannst seine Nähe und Liebe spüren. Du mußt zuerst einmal still werden, ruhig mit Deinem Körper, ruhig mit Deinem Denken, ruhig in Deinem Herzen.
Das ist gar nicht so einfach, es gibt viele Geräusche, die uns ablenken und stören. Also nimm Dir für Dein Beten Zeit. Suche einen Ort, wo Du nicht gestört wirst. Und dann rede nicht gleich los, sondern werde zuerst einmal still.

Gebetsschule für Kinder 2

- Setz Dich ruhig hin, damit Dein Körper zur Ruhe kommt. Versuche einmal, Dich eine Zeit lang gar nicht zu bewegen. Werde auch mit Deinem Denken ruhiger. Versuche, Dich auf Gott einzustellen und zu konzentrieren.
- Wenn Du still wirst, kannst Du leichter Gott erfahren, ihn spüren. Das wird Dir auch nicht jeden Tag gleich gut gelingen, manchmal gar nicht. Aber versuche es immer wieder.

Beten heißt: Still werden vor Gott.

3. JESUS, FREUND UND BRUDER

Jesus,
ein Name,
so oft gehört,
so viel ist mir erzählt worden.
Jesus,
aus dem Hebräischen übersetzt
heißt dieser Name:
»Gott ist Hilfe!«
Und so verstanden
ist Jesus nicht nur ein Name,
sondern das Lebensprogramm
dieses Jesus von Nazaret:
Gottes Hilfe denen zu geben,
die es nötig haben:
den Armen im Volk,
den Kranken und Behinderten,
den Verachteten und Ausgestoßenen,
denen, die man nicht ernst nimmt,
Kinder und Frauen,
Zöllner und Aussätzige.

Jesus,
in dir hilft Gott,
damals wie heute.
Du bist auch für mich da.
Du hilfst mir in meinem Leben.
Du bist mir wie ein guter Bruder und Freund.

Jesus, du rufst mich zu dir,
du willst mich mit Gott verbinden.
Stärke mich mit deiner Kraft,
damit ich nicht mutlos werde.
Erleuchte mich mit deinem Licht,
daß ich den Weg zu Gott finde.

Jesus, du mein Freund,
erbarme dich meiner.
Jesus, du mein Bruder,
erbarme dich meiner.
Jesus, du mein Helfer,
erbarme dich meiner.

Ein Christuslied

In einem seiner Briefe schreibt Paulus ein altes Lied der ersten Christen auf, das von Jesus, dem Christus Gottes, handelt:

Er war Gott gleich,
hielt aber nicht daran fest, wie Gott zu sein.

Sondern er entäußerte sich
und wurde wie ein Sklave
und den Menschen gleich.

Sein Leben war das eines Menschen;
er erniedrigte sich

und war gehorsam bis zum Tod,
bis zum Tod am Kreuz.

Darum hat Gott ihn über alle erhöht
und ihm einen Namen verliehen,
der größer ist als alle Namen,

damit alle im Himmel, auf der Erde
und unter der Erde
ihre Knie beugen vor dem Namen Jesu

und jeder Mund bekennt:
»Jesus Christus ist der Herr«
zur Ehre Gottes, des Vaters.

Brief an die Philipper 2,6-11

Jesus – Kind

Jesus,
als kleines Kind kamst du zur Welt,
du wurdest geboren wie ich auch.
So verstehst du sicher auch,
wenn ich mich manchmal so hilflos fühle,
wenn man mir nichts zutraut,
wenn man mich nicht mitmachen läßt.
Jesus,
laß mich wie du darauf vertrauen,
daß Gott die Kinder besonders liebt.

Jesus – Jugendlicher

Jesus,
wenn ich höre, wie du mit zwölf Jahren im Tempel bliebst
und wie dich deine Eltern suchten,
dann denke ich an den Ärger,
den auch ich manchmal mit meinen Eltern habe.
Warum ist das so zwischen Eltern und ihren Kindern?
Warum gibt es so oft Krach?
Jesus,
hilf mir und meinen Eltern,
daß wir uns besser verstehen und gut zusammenhalten.

Jesus – Helfer

Jesus,
du hast den Blinden sehend gemacht
und den Menschen Brot gegeben.
Du bist der Helfer Gottes für uns Menschen.
Oft genug brauche ich auch Hilfe,
nicht nur bei den Hausaufgaben,
sondern bei den vielen Fragen, die ich habe.
Jesus,
begleite mich durch mein Leben
und schütze mich jeden Tag.

Jesus – Retter

Jesus,
Petrus hatte auf dem See fürchterliche Angst
und die anderen Jünger auch.
Auch ich habe oft Angst,
wenn ich etwas angestellt habe,
oder vor der nächsten Klassenarbeit,
oder wenn die beiden Großen aus der 7 kommen.
Jesus,
hilf mir in meiner Angst
und zeige mir einen Weg, wie es besser wird.

Jesus – Bruder

Jesus,
der Relilehrer hat gesagt:
Wenn wir ein Kreuz sehen,
sollen wir an dein Leiden denken.
Irgendwie kann ich gar nicht verstehen,
warum du dein Leben am Kreuz für uns geschenkt hast.
Auch im Sterben bist du unser Bruder?
Jesus,
laß mich fest daran glauben,
daß Gott es durch dich gut mit uns Menschen meint.

Jesus – Freund

Jesus,
die Auferstehung kann ich erst recht nicht verstehen.
Wie haben dich damals die Emmausjünger sehen können?
Und was heißt: Begegnen im Wort und im Brot?
Ob damit die Messe gemeint ist?
Wenn du damals den Jüngern nahe warst,
dann kannst du auch heute bei uns sein.
Jesus,
sei auch mein Freund,
verborgen und mir trotzdem nahe.

Freunde

Wir halten zusammen
und treffen uns jeden Tag.
Wir feiern zusammen
und spielen miteinander.
Manchmal streiten wir auch
und raufen uns.
Aber wir vertragen uns
dann schnell wieder.

Gott,
segne uns Freunde.
Laß uns wirklich gut zueinander sein.
Beschütze uns bei allem,
was wir tun.
Und laß uns miteinander
auch anderen Freude bereiten.

Familie

Es ist schön,
wenn wir zusammen sind:
wenn wir uns etwas erzählen,
wenn wir zusammen essen.
Manchmal gibt es
auch Ärger und Streit.
Doch meistens verstehen
wir uns gut.

Gott,
segne meine Familie.
Laß uns fest zusammenhalten
und viel Schönes miteinander erleben.
Laß uns auch nach einem Streit zueinander finden.
Und hilf besonders den Familien,
wo man sich gar nicht mehr versteht.

Nachbarn

Frau Schneider und Sara,
Familie Kötting mit Timo und Ulli
und auf der anderen Seite
natürlich Thomas:
Wir sind Nachbarn,
wir gehören zusammen,
im Guten und im Bösen,
ob wir es wollen oder nicht.

Gott,
segne unsere Nachbarn.
Hilf, daß wir Streit und Haß vermeiden.
Zeige uns immer Wege,
wie wir einander helfen können.
Laß uns füreinander da sein.

Schulkameraden

Mit unserer Klasse ist das so:
Einige mag ich recht gern,
aber andere nerven mich,
und mit Klaus habe ich Krach.
Irgendwie müssen wir miteinander auskommen,
aber das fällt uns oft schwer.
Nur manchmal ist es schön.

Gott,
segne unsere Klasse
und laß uns eine gute Gemeinschaft werden.
Laß uns nicht gegeneinander arbeiten,
sondern uns helfen, wo wir können.
Gib uns Lehrer, die Spaß vertragen
und die uns alles gut erklären können.

Ich glaube an Jesus,
den Freund und Bruder,
den Diener aller, der sein Leben hingab.
Ich glaube an Jesus,
der arm geboren wurde
und der nicht nach Macht strebte.
Ich glaube an Jesus,
der die Welt nicht mit Gewalt verändern wollte,
sondern durch seine Liebe und Güte.
Ich glaube an Jesus,
der ein Helfer war
allen Armen und Kranken.
Ich glaube an Jesus,
der Jünger als seine Freunde zu sich rief
und aus ihnen eine Gemeinschaft machte.
Ich glaube an Jesus,
der seinen Weg bis zum Kreuz ging
und der trotzdem auf Gott vertraute.
Ich glaube an Jesus,
der von Gott nicht allein gelassen wurde,
sondern dem Gott neues Leben schenkte.
Ich glaube an Jesus,
der uns als Auferstandener nahe ist
und der die Kirche mit seinem Geist erfüllt.
Ich glaube an Jesus,
der auch mein Freund ist,
mein Herr und Bruder.

Jesus,
schenke Frieden im Streit,
schenke Liebe im Haß,
schenke Freude in Trauer,
schenke Trost in Not,
schenke Vergebung in Schuld,
schenke Brot im Hunger,
schenke Gesundheit in Krankheit,
schenke Leben im Tod.

Ein Mensch sagte zu einem Weisen: »Wenn ich schon auf Gott höre, hört er dann auch auf mich?« Der sagte: »Läßt denn eine Mutter ihr Kind im Stich? Oder verläßt einer seinen guten Freund, wenn der in Not ist? Genauso hält Gott zu dir. Vertrau dich ganz ihm an.«

Gebetsschule für Kinder 3

An Gott glauben ist nicht einfach. Wir können Gott nicht wie Menschen oder Häuser sehen. Wir können ihm nicht die Hand schütteln wie dem Nachbarn oder dem Lehrer. Und doch glauben wir, daß Gott uns hält und trägt, daß er das tiefste Geheimnis unseres Lebens ist.
Menschen haben immer wieder versucht, über Gott etwas in einer Bildersprache auszusagen: Gott ist wie ein guter Vater, wie eine liebe Mutter, wie ein toller Freund, wie ein helles Licht, wie Brot zum Leben ... Alle diese Worte helfen uns, Vertrauen zu Gott zu haben. Er ist uns nahe in Freude und Leid, in Glück und Kummer, an guten und an bösen Tagen. Wenn wir beten, tun wir dies aus dem Vertrauen, daß Gott es gut mit uns meint. Selbst wenn wir Leid und Schmerzen haben, hält er uns und gibt uns neue Kraft. Beten heißt deshalb auch: Vertrauen zu Gott haben.

- Welchen Menschen vertraust Du ganz? Wenn Du betest, denke daran: So und noch viel besser meint Gott es mit Dir.
- Sprich Gott an wie einen guten Freund, wie eine wirklich liebe Mutter, wie den besten Vater, den Du Dir vorstellen kannst.
- Freu Dich darüber, daß Gott Dir nahe ist. Und sage diese Freude auch in Deinem Beten aus.

Beten heißt: Vertrauen haben zu Gott.

4. UNSER LEBEN SEI EIN FEST

Wir feiern gerne Feste:
Geburtstag, Weihnachten, Karneval
und vieles andere.
Wir sind fröhlich
und machen viel Unfug.
Wir essen auch gut zusammen
und haben etwas Leckeres zu trinken.
Vor allem aber spielen wir zusammen,
oder wir sitzen nur da und plaudern.
Gott,
schenk uns immer wieder schöne Feste.
Schenke uns ein fröhliches Herz
und laß uns unsere Sorgen vergessen.
Amen.

Gott, die Messe soll ein Fest sein?
Manchmal erlebe ich das ganz anders,
da ist es immer dasselbe und langweilig.
Ich gehe dann gar nicht gerne.
Hilf bitte, daß die Messe gut gefeiert wird
und daß auch Kinder darin ihren Platz finden.

Guter Gott, wir loben und preisen dich,
denn du hast alles gut geschaffen.
Wir loben dich für unsere schöne Welt,
für Blumen, Tiere und so vieles andere.
Wir loben dich, denn du gibst uns das Leben.
Wir loben dich, denn du gibst uns Brot und Wein.
Wir loben dich, denn du gibst uns Menschen,
die für uns sorgen und auf die wir uns verlassen können.
Guter Gott, wir loben und preisen dich,
denn in Jesus schenkst du uns Freude und Glück.
So sei dir Ehre und Herrlichkeit bis in Ewigkeit. Amen.

Wortgottesdienst

Lied *zu Beginn*

Begrüßung

Im Namen des Vaters und des Sohnes
und des Heiligen Geistes. Amen.
Unser Herr Jesus Christus sei mit euch.
Und mit deinem Geiste.
Der Priester leitet in die Messe ein.

Schuldbekenntnis

Ich bekenne Gott, dem Allmächtigen, und allen Brüdern und Schwestern, daß ich Gutes unterlassen und Böses getan habe – ich habe gesündigt in Gedanken, Worten und Werken durch meine Schuld, durch meine Schuld, durch meine große Schuld. Darum bitte ich die selige Jungfrau Maria, alle Engel und Heiligen und euch, Brüder und Schwestern, für mich zu beten bei Gott, unserem Herrn.
Der Priester spricht die Vergebungsbitte.
Der allmächtige Gott erbarme sich unser. Er lasse uns die Sünden nach und führe uns zum ewigen Leben. Amen.

Kyrie *im Wechsel von Priester und Gemeinde*

Herr, erbarme dich (unser).
Christus, erbarme dich (unser).
Herr, erbarme dich (unser).
Das Kyrie kann verschiedene Zwischentexte haben:
Herr Jesus Christus, oft sind wir wie Ichmenschen und tun Böses. Herr, erbarme dich.
Herr Jesus Christus, oft vergessen wir das Gute oder haben keine Lust dazu. Christus, erbarme dich.
Herr Jesus Christus, um Dumenschen zu werden, brauchen wir deine Hilfe. Herr, erbarme dich.

Gloria *(Lobgebet, Loblied)*

Ehre sei Gott in der Höhe und Friede auf Erden den Menschen seiner Gnade. Wir loben dich, wir preisen dich, wir beten dich an, wir rühmen dich und danken dir, denn groß ist deine Herrlichkeit: Herr und Gott, König des Himmels, Gott und Vater, Herrscher über das All, Herr, eingeborener Sohn, Jesus Christus. Herr und Gott, Lamm Gottes, Sohn des Vaters, du nimmst hinweg die Sünde der Welt: Erbarme dich unser; du nimmst hinweg die Sünde der Welt, nimm an unser Gebet; du sitzest zur Rechten des Vaters: Erbarme dich unser. Denn du allein bist der Heilige, du allein der Herr, du allein der Höchste: Jesus Christus, mit dem Heiligen Geist, zur Ehre Gottes des Vaters. Amen.

Tagesgebet

Der Priester faßt wichtige Anliegen der Gemeinde im Gebet zusammen.

Lesung

Wir hören ein Stück aus dem Alten Testament oder aus der Apostelgeschichte oder einem Apostelbrief. Manchmal gibt es auch andere Lesungen.

Zwischengesang

Zwischen Lesung und Evangelium ist ein Lied, Stille oder ein Psalmgebet.

Evangelium

Der Herr sei mit euch.
Und mit deinem Geiste.
Aus dem Evangelium nach (Matthäus, Markus, Lukas, Johannes).
Ehre sei dir, o Herr.
Priester und Gemeinde bezeichnen sich mit den drei kleinen Kreuzzeichen des Evangeliengrußes.

Predigt

In der Predigt wird das Evangelium erklärt und auf unsere Zeit bezogen.

Glaubensbekenntnis

Wir bekennen unseren Glauben an Gott (Text des Apostolischen Glaubensbekenntnisses auf Seite 18, das Große Glaubensbekenntnis steht im Gotteslob Nr. 356). Hier ein Bekenntnis von Kindern:

Ich glaube an Gott, unseren Herrn.
Er hat die ganze Welt geschaffen.
Für uns ist er wie ein Vater oder eine Mutter.
Er liebt und versteht uns Menschen.
Er beschützt uns und läßt uns nicht allein.
Ich glaube an Jesus Christus, Gottes Sohn.
Er ist auf die Erde gekommen, um uns zu helfen.
Er ist für uns am Kreuz gestorben.
Er ist von den Toten auferstanden.
Er lebt nun für immer bei uns.
Ich glaube an den Heiligen Geist.
Er wirkt in unserer Welt und in unserer Kirche.
Er ist der Geist Jesu und wirkt auch in mir
als Geist der Liebe und des Friedens.

Fürbitten

Wir tragen Gott unsere Bitten vor. Das kann frei geschehen oder mit fertigen Texten, etwa:

Laß das Böse geringer werden
und Gutes um so kräftiger sein.
Laß Traurigkeit schwinden
und Freude um sich greifen.
Laß Mißverständnisse aufhören
und Enttäuschte Mut gewinnen.
Laß Kranke Trost finden
und Sterbende dein Erbarmen.
Laß Frieden unter den Menschen sein,
in den Herzen und rund um die Welt.

Eucharistiefeier

Gabenbereitung

Brot und Wein werden von Meßdienern zum Altar gebracht. Meist wird dabei ein Lied gesungen.

Gepriesen bist du, Herr, unser Gott, Schöpfer der Welt. Du schenkst uns das Brot, die Frucht der Erde und der menschlichen Arbeit. Wir bringen dieses Brot vor dein Angesicht, damit es uns das Brot des Lebens werde.

Gepriesen bist du, Herr, unser Gott, Schöpfer der Welt. Du schenkst uns den Wein, die Frucht des Weinstocks und der menschlichen Arbeit. Wir bringen diesen Kelch vor dein Angesicht, damit er uns der Kelch des Heiles werde.

Das eucharistische Hochgebet besteht aus Präfation (Dankgebet), Sanctus und Kanon mit der Wandlung.

Präfation

Der Herr sei mit euch.
Und mit deinem Geiste.
Erhebet die Herzen.
Wir haben sie beim Herrn.
Lasset uns danken dem Herrn, unserm Gott.
Das ist würdig und recht.
Der Priester spricht oder singt die Präfation.
Darauf antwortet die Gemeinde:

Sanctus *(Heilig)*

Heilig, heilig, heilig, Gott, Herr aller Mächte und Gewalten. Erfüllt sind Himmel und Erde von deiner Herrlichkeit. Hosanna in der Höhe. Hochgelobt sei, der da kommt im Namen des Herrn. Hosanna in der Höhe.

Kanon

Der Kanon ist das große Dank- und Lobgebet, in dessen Mitte die Worte Jesu über Brot und Wein (Einsetzungsworte) stehen:

Nehmet und esset alle davon:
Das ist mein Leib, der für euch hingegeben wird.
Nehmet und trinket alle daraus:
Das ist der Kelch des neuen und ewigen Bundes,
mein Blut, das für euch und für viele
vergossen wird zur Vergebung der Sünden.
Tut dies zu meinem Gedächtnis.

Geheimnis des Glaubens:
Deinen Tod, o Herr, verkünden wir,
und deine Auferstehung preisen wir,
bis du kommst in Herrlichkeit.

Vaterunser *(Text auf Seite 10)*

Friedensgruß

Der Herr hat zu seinen Aposteln gesagt:
Frieden hinterlasse ich euch,
meinen Frieden gebe ich euch.
Deshalb bitten wir: Herr Jesus Christus,
schau nicht auf unsere Sünden,
sondern auf den Glauben deiner Kirche,
und schenke ihr nach deinem Willen Einheit und Frieden.
Der Friede des Herrn sei allezeit mit euch.
Und mit deinem Geiste.

Lamm Gottes *(Agnus Dei)*

Gebet zur Vorbereitung auf die Kommunion:
Lamm Gottes, du nimmst hinweg die Sünde der Welt:
Erbarme dich unser.
Lamm Gottes, du nimmst hinweg die Sünde der Welt:
Erbarme dich unser.
Lamm Gottes, du nimmst hinweg die Sünde der Welt:
Gib uns deinen Frieden.

Kommunion

Seht das Lamm Gottes,
das hinwegnimmt die Sünde der Welt.

Herr, ich bin nicht würdig, daß du eingehst
unter mein Dach, aber sprich nur ein Wort,
so wird meine Seele gesund.
Der Leib Christi. – Amen.

Gebete zur Kommunion

Jesus, du willst mit allen Menschen Freund sein,
alle lädst du zu dir ein,
alle dürfen zu dir kommen.
So sind wir eine große Gemeinschaft,
die durch dich verbunden ist.
Dafür danke ich dir.

Jesus, du bist bei uns.
Mit dir können wir unseren Weg gehen.
Jesus, du bist bei uns.
Mit dir können wir zu Gott finden.
Jesus, du bist bei uns.
Mit dir können wir das Böse überwinden.
Jesus, du bist bei uns.
Mit dir können wir gut zu anderen sein.
Jesus, du bist bei uns.
Mit dir können wir froh werden.

Gott, wir haben das Brot geteilt und den Leib Jesu empfangen. Laß uns aus seiner Kraft in Liebe und Frieden leben. Dann wird er selbst unter uns sein. Dann werden wir zu seinem Leib in dieser Welt bis in Ewigkeit. Amen.

Schlußgebet

Der Priester faßt die Gedanken der Messe zusammen.

Segen *und* Entlassung

Es segne euch der allmächtige Gott,
der Vater und der Sohn und der Heilige Geist.
Gehet hin in Frieden.
Dank sei Gott, dem Herrn.

Ein Mann sagte zu einem Weisen: »Alleine beten geht jetzt besser, aber warum mit anderen zusammen beten?« Der sagte: »Du bist doch nicht allein auf der Welt, du bist doch nicht allein Gottes Kind. Wenn du aber zu einer Familie gehörst, dann sprecht auch zusammen mit eurem Vater.«

Manche Leute sagen: Wenn ich allein im Wald bin, kann ich beten, aber in der Kirche nicht. Beten mit anderen stört mich. Wie geht es Dir in diesem Punkt? Fällt es Dir leicht oder schwer, mit anderen zusammen in der Messe oder bei anderen Gelegenheiten zu beten?
Beten alleine und Beten mit anderen darf man nicht gegeneinander ausspielen. Es sind einfach unterschiedliche Formen von Beten, die aber beide notwendig sind. Das Beten alleine ist notwendig, um wirklich das eigene Leben vor Gott auszusagen. Auch die ganz persönlichen Dinge, die sonst keiner weiß, kannst Du Gott im persönlichen Gebet sagen. Das Beten mit anderen ist notwendig, um so die Gemeinschaft auszudrücken, die wir alle mit Gott und miteinander haben: Wir alle sind Kinder Gottes, wir gehören zur Gemeinschaft der Christen.

Gebetsschule für Kinder 4

- Bete regelmäßig in Deinen ganz persönlichen Anliegen. Am besten tust Du das jeden Tag.
- Bete auch mit anderen: in Deiner Familie etwa das Tischgebet, im Gottesdienst Deiner Schule und sonntags in Deiner Gemeinde.
- Bedenke das Vaterunser als Gebet einer Gemeinschaft: Nicht »Vater mein«, sondern »Vater unser« heißt es.

Beten heißt: Miteinander Kind Gottes sein.

5. ALS CHRIST LEBEN

Mir geht's gut

Heute ist ein guter Tag.
Alles haut irgendwie hin.
Endlich mal eine Zwei in Mathe,
das habe ich lange nicht mehr gehabt.
Und dann das Spielen heute nachmittag,
wir hatten so viel Spaß.
Zum Abendessen hat Mutter dann noch Pizza gebacken,
als Belohnung für die gute Arbeit, sagt sie.
Gott,
manche Tage sind schön.
Es müßte immer so sein.
Schenke uns jeden Tag etwas zum Lachen.
Und danke für heute.

Freude

Ich freue mich so auf morgen.
Endlich werden wir zu Onkel Heinz fahren.
Er hat einen großen Bauernhof mit vielen Tieren.
Jens zeigt mir alles,
und danach spielen wir in der Scheune.
Wir springen vom Speicher auf die Strohballen.
Das macht Spaß.
Ich kann es gar nicht erwarten.
Gott,
ich danke dir, daß ich mich freuen kann.
Ich danke dir für die Menschen, die mir gut sind.
Ich danke dir für alles.

Vertrauen

Heute war die kleine Andrea mit im Schwimmbad.
Im Wasser hat Vater sie ganz fest gehalten,
und sie hat gar keine Angst gehabt.
Sie hatte Vertrauen, daß Vater sie hält.
Gott,
jeder braucht Menschen, denen er vertrauen kann.
Manchmal aber reichen Menschen nicht aus.
Ich brauche dich, auf dich kann ich mich verlassen.
Dir vertraue ich, denn du hältst mich.

Freundschaft

Wenn wir zusammen sind, dann ist immer etwas los.
Wir spielen und lachen und toben.
Manchmal stellen wir auch etwas an.
Aber wir halten zusammen wie die Kletten.
Gott,
Freunde zu haben, auf die man sich verlassen kann,
das ist wunderbar.
Wir halten zusammen und helfen uns.
Danke, daß ich gute Freunde habe.

Ferien

Heute kann ich ausschlafen.
Endlich sind Ferien, ich brauche nicht zur Schule.
Ich kann machen, was ich will.
Das ist richtig schön.
Gott,
es darf nicht nur Arbeit im Leben geben,
wir brauchen auch Zeit für uns.
Danke für Freizeit und Ferien.
Danke für diesen guten Morgen.

Geschenk

Ich habe das neue Rad bekommen.
Etwas habe ich selber darauf gespart,
aber den Rest hat mir mein Onkel dazugetan.
Ich will es gleich ausprobieren.
Gott,
ich könnte platzen vor Freude,
daß der Onkel mir das Geschenk gemacht hat.
Er meint es wirklich gut mit mir.
Danke für meinen Onkel.

Gelingen

In der Gruppenstunde haben wir mit Ton gearbeitet.
Ich habe mir etwas Schweres vorgenommen:
Ein Pferd wollte ich machen,
und es ist mir richtig gut gelungen.
Gott,
manchmal klappt etwas auf Anhieb,
manche Dinge kann ich sehr gut.
Darüber freue ich mich,
dafür danke ich dir.

Geborgenheit

Heute war ein richtig gemütlicher Abend.
Wir haben zusammen auf dem Sofa gesessen,
Vater, Mutter, die kleine Andrea und ich,
ganz eng aneinander gekuschelt.
Gott,
wir Menschen brauchen einander,
es ist schön, wenn wir zusammen sind.
Hilf, daß wir uns immer gut verstehen.
Und danke für meine Familie.

Als Christ leben

Als Christ leben kann man nicht alleine,
Christ ist man nur mit anderen zusammen.
Ich bin getauft und gehöre zur Kirche.
Herr, guter Gott,
binde alle Christen immer mehr aneinander.
Laß sie füreinander da sein
und miteinander denen helfen, die in Not sind.
Laß uns auch deine Frohe Botschaft weitersagen.
So beten wir durch Jesus Christus. Amen.

Jesus hat gesagt:
Das wichtigste Gebot ist,
Gott zu lieben und den Nächsten.
Guter Gott, wer Christ sein will,
muß sich also anstrengen,
daß er zu dir gehört und zu den Menschen.
Gib mir Kraft, an dich zu glauben.
Und schenke mir immer neue Ideen,
wie ich anderen helfen kann.

Herr,
mach mich zu einem Werkzeug deines Friedens.
Daß ich lieben kann, wo man sich haßt.
Daß ich verzeihe, wo man sich beleidigt.
Daß ich Freude bringe, wo man sich streitet.
Daß ich Frieden bringe, wo man sich streitet.
Daß ich die Wahrheit sage, wo man sich irrt.
Daß ich den Glauben bringe, wo man zweifelt.
Daß ich die Hoffnung wecke, wo Verzweiflung droht.
Daß ich dein Licht anzünde, wo es dunkel ist.
Herr,
mach mich zu einem Werkzeug deines Friedens.

Mir geht's schlecht

Heute ist kein guter Tag.
Ich habe verschlafen
und dann trotz Hetze den Bus verpaßt.
Der Lehrer hat mich angemotzt,
und dann wußte ich auch
die Aufgabe an der Tafel nicht.
Alles hat gelacht.
Den ganzen Morgen war ich so wütend,
daß ich an nichts anderes gedacht habe.
Der Nachmittag war dann nicht besser:
Krach mit Mutter
und Langeweile bis zum Abend.
Gott, manche Tage sind fürchterlich.
Laß es morgen besser werden
und gib mir neuen Mut.

Angst

Gestern abend mußte ich noch einkaufen gehen.
Es war schon dunkel,
und dann kam so ein Betrunkener,
der etwas von mir wollte,
ich weiß gar nicht was.
Ich hatte fürchterliche Angst
und bin gerannt, so schnell ich konnte.
Manchmal habe ich Angst,
daß Vater mit dem Auto verunglückt,
daß der Zahnarzt mal wieder bohrt,
Angst vor der nächsten Mathearbeit ...
Ich glaube, alle Menschen haben Angst.
Gott, du verstehst mich sicher,
du lachst nicht über meine Angst.
Beschütze mich vor allem Bösen.
Hilf mir, meine Angst zu überwinden.
Sei du bei mir an jedem Tag.

Streit

Wir haben uns schon wieder gestritten.
Meine Schwester ist aber auch wirklich ein Ekel.
Sie fühlt sich schon so groß.
Dabei ist sie nur drei Jahre älter.
Gott,
laß sie endlich verstehen, daß auch ich etwas kann,
und hilf, daß wir uns wieder vertragen.
Vielleicht muß ich auch selber etwas dazutun.
Gib mir eine gute Idee, wie es besser werden kann.

Enttäuschung

Ich hätte nie gedacht,
daß Oliver so etwas machen würde.
Mich einfach bei der Lehrerin zu verpfeifen.
Das war so gemein, ich hätte bald geheult.
Gott,
es ist schlimm, wenn wir enttäuscht werden,
wenn unsere Freunde uns im Stich lassen.
Du läßt uns nie im Stich, du bist immer für uns da.
Du bist auch mein guter Freund.

Trauer

Meine Oma ist gestorben.
Ich bin auf mein Zimmer gerannt und habe geheult.
Ich hab sie doch so gern gehabt.
Das ist jetzt vorbei.
Gott,
ich will glauben, daß Oma bei dir ist,
aber ich verstehe das alles nicht.
Laß es ihr gut gehen bei dir,
und tröste du mich.

Krankheit

Heute hat's mich richtig erwischt.
Fieber, Kopfschmerzen, und die Nase ist dicht.
Ich fühle mich so elend.
Meine Mutter hat eben den Doktor angerufen.
Gott,
mir geht es gar nicht gut.
Laß es bald besser werden.
Laß mich bald wieder gesund werden.
Und hilf auch denen, die noch schwerer krank sind.

Kummer

Es ist zum Verzweifeln.
Ich komme überhaupt nicht mehr zurecht.
Keiner versteht mich, alle meckern mich an.
Gott,
manchmal finde ich das Leben ungerecht.
Ich habe Kummer und bin unglücklich.
Zeige mir einen Weg, wie ich da herauskomme,
und laß mich wieder froh werden.

Versagen

Heute war ein wichtiges Spiel,
und ich habe alles verpatzt.
Das mit dem letzten Ball hätte nicht passieren dürfen.
Die anderen waren vielleicht sauer auf mich.
Gott,
keiner kann alles, und jeder baut mal Mist.
Laß die anderen doch einsehen,
daß ich mich angestrengt habe.
Und hilf, daß das nächste Spiel besser wird.

Ein Mann sagte zu einem Weisen: »Gestern habe ich jemanden gesehen, der beim Beten kniete. Das ist doch übertrieben!« Der sagte: »Nicht nur dein Mund, dein ganzer Körper kann sprechen. Wenn du also zu Gott sprichst, so tue das mit deinem ganzen Körper, mit Herz und Leib und Seele.«

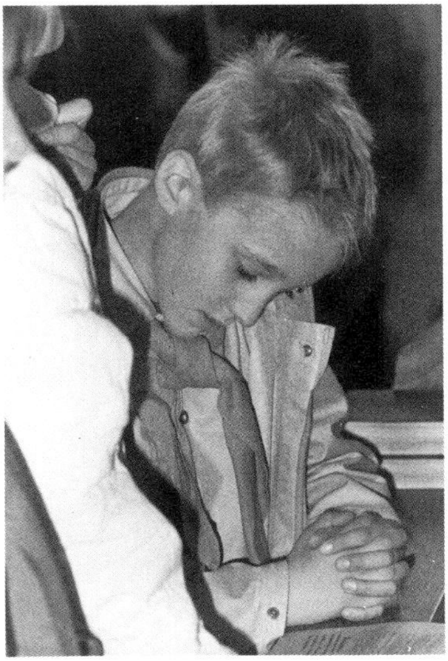

Gebetsschule für Kinder 5

In allen Völkern und Religionen reden Menschen nicht einfach nur mit Gott, sondern sie sprechen auch mit ihrem Körper: Sie falten die Hände oder erheben sie über ihren Kopf, sie knien oder verbeugen sich, manche werfen sich ganz auf den Boden. Viele verschiedene Zeichen drücken aus: Wir glauben, daß Gott größer ist als wir, daß er der Herr ist. Du bestehst nicht nur aus dem Kopf und dem Verstand. Richte deinen ganzen Körper auf Gott aus. Natürlich sind Händefalten und Knien nicht notwendig, man kann auch ohne das zu Gott beten. Oft aber helfen diese Haltungen, daß wir uns auf Gott ausrichten, daß wir still werden und besser beten können. Wenn Du Deinen Körper nutzt, kannst Du beten mit Geist und Körper, mit Kopf, Herz und Hand.

- Übe verschiedene Gebetshaltungen: Händefalten auf verschiedene Weise, Knien, Verneigung (etwa vor einem Kreuz) ... Was kannst Du mit all dem sagen?
- Drück ein Gebet, etwa das Vaterunser, durch Körperhaltungen aus. Welche Gesten und Haltungen passen zu den einzelnen Sätzen?
- Versuche das alles auch im Gottesdienst. Achte auf Deine Haltung und danke Gott für Deinen Körper.

Beten heißt: Mit dem ganzen Körper sprechen.

6. WIR KNÜPFEN EIN FRIEDENSNETZ

Gott, es hat mal wieder Streit gegeben.
Wir waren beide so zornig und wütend,
daß wir uns wehgetan haben.
Es hat nicht viel gefehlt,
und wir wären mit Fäusten aufeinander losgegangen.
Dabei ging es nur um eine Kleinigkeit,
wie so oft war der Grund gar nicht wichtig,
aber keiner wollte nachgeben.
Gott,
gib uns beiden die Kraft, aufeinander zuzugehen,
laß uns die Hand reichen und einander verzeihen.
Gott, knüpfe du ein Netz des Friedens zwischen uns.
Schenke uns neue Freundschaft und Frieden.

Neu anfangen

Jesus,
es ist oft schwer, miteinander auszukommen.
Oft gibt es Mißverständnisse und Streit.
Wenn ich ehrlich bin, muß ich zugeben,
daß ich auch manchmal schuld daran bin,
daß andere traurig sind.
Manches habe ich falsch gemacht.
Es tut mir leid.
Hilf mir, meine Schuld wiedergutzumachen.
Und laß mich neu anfangen.

Manchmal tue ich Böses – Herr, erbarme dich.
Manchmal unterlasse ich Gutes – Christus, erbarme dich.
Ich brauche Kraft zum Neubeginn – Herr, erbarme dich.

Manchmal tue ich Böses.
Ich fange Streit an.
Ich sage nicht die Wahrheit.
Ich habe keine Lust zu helfen.
Ich ärgere andere.
Jesus sagt:
Gott ist wie ein guter Vater,
der mich gern hat,
der mir verzeiht.
Guter Gott,
vergib mir meine Schuld.

Gott, ich habe mal wieder Krach mit meiner Mutter.
Weil ich am Samstag länger aufbleiben wollte.
Sie hat mir gar nicht zugehört,
sondern gleich gesagt: Kommt nicht in Frage.
Da bin ich wütend geworden und habe gemotzt.
Und sie hat dann auch geschrien.
Es ist oft so schwierig zwischen uns beiden.
Dabei mag ich sie doch, und sie mag mich auch.
Laß uns Brücken bauen zueinander,
damit wir uns besser verstehen und aufeinander hören.

O Herr, nimm unsre Schuld,
mit der wir uns belasten,
und führe selbst die Hand,
mit der wir nach dir tasten.
Wir trauen deiner Macht
und sind doch oft in Sorgen.
Wir glauben deinem Wort
und fürchten doch das Morgen.
Wir kennen dein Gebot,
dem Bruder beizustehen,
und können oft nur uns und unsre Nöte sehen.
O Herr, nimm unsre Schuld,
die Dinge, die uns binden,
und hilf, daß wir durch dich
den Weg zum andern finden.

Zur Beichte

Vorbereitung
Gott, ich komme zu dir.
Denn ich weiß: Du schaust mit Liebe auf mich.
Du siehst, was gut ist in meinem Leben.
Du siehst auch, was ich falsch mache.
Du kennst mich genau.
Vor dir kann ich ehrlich sein.
Dir kann ich alles sagen.
Du vergibst mir.
Deshalb komme ich zu dir.

Bitte um Verzeihung
Gott,
du bist immer gut zu mir.
Doch ich bin oft nicht gut gewesen.
Bitte verzeih mir.
Gott,
du hast mir mein Leben geschenkt.
Doch ich habe oft andere traurig gemacht.
Bitte verzeih mir.
Gott,
du hast mir Jesus als Freund gegeben.
Doch ich bin oft kein guter Freund gewesen.
Bitte verzeih mir.
... *(Überlege weitere Sätze.)*

Dank nach der Beichte
Guter Gott,
in der Beichte hast du mir meine Schuld vergeben.
Dafür danke ich dir. Ich bin jetzt ganz froh.
Alles ist wieder gut.
Laß mich nun durch deine Liebe besser werden.
Laß mich gut sein zu allen Menschen.
Dazu gib mir deinen Segen.

Das Schuldbekenntnis der Messe steht auf Seite 29.

Ein Mann sagte zu einem Weisen: »Was hilft mir eigentlich mein Beten? Es nützt doch nichts.« Der sagte: »Beten verändert dich von innen her. Und erst, wenn du dich von innen her änderst, wirst du hingehen können und die Welt verändern.«

Vielen Menschen scheint Beten überhaupt nichts mit ihrem täglichen Leben zu tun zu haben. Sie fragen: Was nützt mir das Beten? Was nützt es anderen, wenn ich bete? Andere sagen sogar: Christen, die viel beten, tun nicht genug für andere. Doch Beten hat sehr viel mit Deinem Leben zu tun: Du kannst Dein ganzes Leben, mit allem, was passiert, in Dein Beten hineinnehmen, vor Gott aussagen. Du kannst umgekehrt aus Deinem Beten Kraft bekommen, daß Du besser verstehst, was Gott von Dir will. Du kannst Kraft erhalten, das zu tun, was gut ist, was Gott von Dir erwartet. Du kannst im Beten Kraft bekommen, Dich wieder zu versöhnen oder Zeit aufzubringen für andere, die in Not sind. Du kannst vor allem beim Beten erfahren, was wirklich wichtig ist im Leben, was wirklich zählt. Und wenn Du das weißt, wirst Du auch manches besser machen.

Gebetsschule für Kinder 6

- Bedenke bei Deinem Beten, was Gott Dir für Dein Leben sagen will: Was kannst Du tun, um gut zu sein?
- Bitte um Kraft für Deinen Alltag: um den Mut, sich wieder zu vertragen, um die Ausdauer im Helfen, um Trost bei Sorgen, um so vieles andere ...
- Bete und handle danach. Mehr brauchst Du nicht.

Beten heißt: Nach Gottes Willen handeln.

7. EIN GUTES JAHR

Advent

Die Adventszeit ist eine schöne Zeit.
Ich freue mich jedes Jahr darauf.
Tannengrün und Kerzen,
wir basteln und backen,
wir freuen uns schon auf Weihnachten.
Gott, laß uns im Advent an Jesus denken,
der als Licht in unsere Welt gekommen ist.

Auf Weihnachten vorbereiten

Bald ist Weihnachten,
aber ich bin noch gar nicht darauf eingestellt,
trotz der Lieder in jedem Kaufhaus,
trotz Adventskranz und vielem anderen.
Ich glaube, Gott,
Advent muß man vor allem im Herzen feiern.
Nur so kann man sich wirklich auf Weihnachten vorbereiten.

Jesus,
als du vor zweitausend Jahren geboren wurdest,
haben dich die Menschen nicht aufgenommen.
In einem armseligen Stall wurdest du geboren.
Hilf, daß wir uns gut vorbereiten
und dich besser empfangen.
Komm in unsere Mitte
und gib uns ein waches Herz für dich.

Wir feiern den Advent.
So machen wir uns bereit für Weihnachten,
wir machen uns bereit für Jesus, deinen Sohn.
Mach unsere Herzen auch füreinander bereit,
so kann es wirklich Weihnachten werden bei uns.

Weihnachten

Weihnachten ist ein großes Fest.
Und doch denken viele
nur an sich selbst und ihre Familien.
Jesus, du bist ganz arm zur Welt gekommen.
Laß uns an Weihnachten auch an die denken,
die arm sind und in Not,
die krank sind und allein.
Öffne unser Herz und unsere Hände
für alle, die uns brauchen.

Weihnachten ist ein Fest des Friedens,
so sagt man oft.
Doch Frieden soll nicht nur in fernen Ländern sein,
Frieden fängt bei uns, bei mir an.
Gott des Friedens,
du hast Jesus gesandt,
daß wir Menschen uns versöhnen,
daß Streit und Krieg ein Ende haben.
Laß Frieden sein bei uns
und bei allen Menschen.

Wer kann mir sagen, wo Jesus Christus geboren ist?
Dort ist Christus geboren,
wo Menschen beginnen, menschlich zu handeln,
und sich besinnen, die Welt zu verwandeln.
Dort ist Christus geboren.
Wer kann mir sagen, wann Jesus Christus geboren ist?
Dann ist Christus geboren,
wenn Menschen beginnen, menschlich zu handeln,
und sich besinnen, die Welt zu verwandeln.
Dann ist Christus geboren.
Wer kann mir sagen, wozu Jesus Christus geboren ist?
Dazu ist Christus geboren,
daß Menschen beginnen, menschlich zu handeln,
und sich besinnen, die Welt zu verwandeln.
Dazu ist Christus geboren.

Karneval

An den Karnevalstagen ist richtig was los.
Überall gibt es Feste und Musik,
wir sind alle ganz ausgelassen:
Einmal ganz anders sein
und spielen, wie wir wollen.
So ist das Leben ein wirkliches Fest.
Gott, ich danke dir für Karneval,
für all die Freude, die wir haben.
Du willst uns Menschen glücklich.
Hilf, daß nichts unsere Freude zerstört.

Aschermittwoch

Karneval ist so schnell vorüber.
Und Aschermittwoch ist ein seltsamer Tag.
Irgendwie bin ich traurig und gedrückt.
In der Schulmesse wurde etwas vom Tod gesagt.
Jesus, hilf mir zu verstehen,
daß es nicht nur Freude im Leben gibt,
sondern gute und auch schlimme Tage.
Und laß mich auch daran denken,
daß es einmal ewiges Glück bei dir geben wird.

Vorbereitung auf Ostern

Meine Lehrerin hat gesagt:
Ostern ist für den Christen das wichtigste Fest,
noch wichtiger als Weihnachten.
Deshalb müssen wir uns auf Ostern vorbereiten.
Wir sollen Buße tun.
Gott, laß mich verstehen,
daß Buße nichts Schlimmes ist,
sondern etwas mit »sich bessern« zu tun hat,
daß Buße eine Chance zum Neubeginn ist.
Dabei hilf mir.

Karwoche

Wir beten dich an, Herr Jesus Christus,
und preisen dich.
Denn durch dein heiliges Kreuz
hast du die Welt erlöst.

Palmsonntag
Jesus, als du nach Jerusalem kamst,
haben die Menschen dir zugejubelt.
Doch schon bald ließen sie dich im Stich,
ja, sie schlugen dich ans Kreuz.
Hilf mir, daß ich besser zu dir halte.
Binde mich immer an dich
und laß mich ganz zu dir gehören.

Gründonnerstag
Jesus, mit den Jüngern hast du das Abendmahl gefeiert,
Brot und Wein mit ihnen geteilt.
Du hast ihnen die Füße gewaschen
als Zeichen dafür, daß du den Menschen dienen willst.
Gib auch uns die Kraft,
unser Brot und unser Leben mit anderen zu teilen
und für andere da zu sein.
Laß uns auch unangenehme Dienste füreinander tun
und dir so nachfolgen auf dem Weg zu Gott.

Karfreitag
Jesus, für uns Menschen
bist du den Leidensweg zum Kreuz gegangen,
für uns bist du am Kreuz gestorben.
Die Menschen haben dir viel Böses getan,
doch deine Liebe war stärker als das Böse,
größer als der Tod.
Auch heute leiden Menschen überall auf der Welt,
werden an ein »Kreuz« geschlagen.
Laß die Liebe stärker sein als alles Leid
und erlöse uns von allem Bösen.

Ostern

Heute ist Ostern.
Gestern abend war ich zum erstenmal mit
zur Osternachtfeier.
Es hat ganz schön lange gedauert,
aber es war auch spannend:
das Osterfeuer draußen auf dem Platz,
dann die dunkle Kirche und die vielen Kerzen.
Da habe ich ein wenig verstanden,
was es heißt: Jesus ist Licht der Welt.
Gott, danke für Ostern,
danke für Jesus, das Licht der Welt.

Guter Gott,
dein Sohn Jesus ist für uns am Kreuz gestorben.
Doch du hast ihn nicht im Grab gelassen,
du hast ihm neues Leben geschenkt,
ihn von den Toten auferweckt.
Darum brauchen auch wir keine Angst vor dem Tod
und vor dem Sterben zu haben.
Du schenkst auch uns neues Leben,
Auferstehung in dein Reich durch Jesus, deinen Sohn.

Guter Jesus,
du lebst und bist nicht tot.
Das spüre ich,
wenn ich dein Evangelium höre
und wenn du im Brot zu mir kommst.

Himmelfahrt

Himmelfahrt ist schwer zu verstehen.
Manche denken dabei an Raketen und Fahrstuhl,
doch Himmelfahrt meint eigentlich,
daß du, Jesus, uns ganz nahe bist
und gleichzeitig ganz bei Gott.
So bist du wie eine Brücke von uns zu Gott,
du bindest uns an ihn.
Laß uns einmal bei Gott ganz glücklich sein.

Pfingsten

Gottes guter Geist,
komm in mein Leben
und erfülle mich mit deiner Kraft.
Du Geist der Hoffnung,
mache alles gut in unserer Welt.
Du Geist der Liebe,
mache alle Menschen zu Freunden.
Du Geist des Friedens,
versöhne uns untereinander.
Du Geist der Freude,
führe uns zum Vater.

Gott, dein Geist wirkt überall in unserer Welt,
wo Menschen sich füreinander einsetzen.
Laß deinen Geist auch in mir wirken.
Gib mir offene Augen,
daß ich die Not der anderen sehe.
Gib mir ein offenes Herz,
daß ich zur Hilfe für andere bereit werde.
Gib mir offene Hände,
damit ich tue, was nötig ist.

Komm Schöpfer Geist, kehr bei uns ein,
besuch das Herz der Kinder dein:
Die deine Macht erschaffen hat,
erfülle nun mit deiner Gnad.

Erntedank

Gott, du Schöpfer unserer Erde,
heute danken wir dir besonders für die Gaben der Erde,
für Brot und Wein, Früchte und Gemüse.
Wir danken dir für alles, was uns Leben schenkt,
nicht nur für Essen und Trinken,
auch für alle anderen guten Gaben.
Laß uns alles richtig gebrauchen
und nicht nur an uns selbst denken.

Namenstag

Heute habe ich Namenstag.
Ich denke an den Heiligen, von dem ich meinen Namen habe.
Er hat fest an Christus geglaubt
und ist ihm gefolgt in seinem Leben.
Gott, ich bitte dich,
laß mich auf die Fürbitte meines Namenspatrons
im Glauben an dich wachsen und im Guten stark sein.
So werde auch ich einmal ganz bei dir sein,
durch Christus, unseren Herrn.

Totengedenken

Im November denken wir besonders an unsere Toten.
Wir gehen zum Friedhof
und schmücken die Gräber mit Lichtern und Blumen.
So zeigen wir unseren Glauben,
daß der Tod nicht das Ende ist.
Gott, schenke all unseren Verstorbenen dein Leben.
Tröste alle Traurigen
und nimm uns einmal auf zu dir.

Gebet für die Verstorbenen
Herr, gib ihnen die ewige Ruhe.
  Und das ewige Licht leuchte ihnen.
Herr, laß sie ruhen in Frieden.
  Amen.

Ein gutes Jahr

Gott, ein Jahr geht zu Ende.
So vieles habe ich in diesem Jahr erlebt:
Viel Schönes war dabei, viel Freude habe ich gehabt.
Aber es gab auch einige schlimme Tage.
Trotzdem danke ich dir für dieses Jahr.
Laß auch das neue Jahr gut werden.
Und begleite mich mit deinem Segen mein ganzes Leben lang.

Ein Mann sagte zu einem Weisen: »Ich bete nur, wenn ich Lust dazu habe.« Der sagte: »Atmest du auch nur, wenn du Lust dazu hast? Beten ist wie Atemholen, es ist nötig Tag und Nacht, es ist nötig jeden Tag im ganzen Leben.«

Gebetsschule für Kinder 7

Es gibt Tage und Zeiten im Leben, da fällt Beten leichter, an anderen ist es schwerer. So ist es gut, wenn man sich auch beim Beten bestimmte Gewohnheiten zulegt, damit man nicht müde und nachlässig wird.
Versuche, Dir bestimmte Zeiten beim Beten zu setzen, und halte sie möglichst gut ein. Verlaß Dich nicht darauf, daß Du immer Lust zum Beten hast. Deine Beziehung zu Gott ist viel zu wichtig, als daß Du sie von Deiner Lust oder Unlust abhängig machen kannst. Beten ähnelt darin dem Fußballspielen oder anderen Sportarten: Nur wer regelmäßig trainiert, hat gute Erfolge.
In einem Jahr gibt es auch viele unterschiedliche Themen, die man in sein Gebet aufnehmen kann: An Weihnachten ist es anders als in den Sommerferien, im dunklen November anders als im hellen Frühjahr, zum Schulzeugnis anders als im Karneval.

- Setz Dir regelmäßig Gebetszeiten und übe, sie einzuhalten.
- Nimm Gedanken von Festen und Jahreszeiten in Dein Beten auf, etwa: Jesus, wir feiern, daß Du Kind geworden bist ...
- Bitte Gott im Jahreskreis immer wieder um Schutz und Segen für Deine persönlichen Dinge.

Beten heißt: Jeden Tag mit Gott sprechen.

8. ALLE KINDER DIESER ERDE

Alle Kinder dieser Erde
sind deine Kinder,
guter Gott.
Alle Kinder dieser Erde
sind wie eine Familie,
die verstreut ist
über die ganze Erde.
Alle Kinder dieser Erde
müssen zusammenhalten,
wenn es besser werden soll
auf unserer Erde.
Alle Kinder dieser Erde
sind von dir geliebt,
guter Gott.
Alle Kinder dieser Erde
können deine Liebe
weiterschenken.

Jesus,
du liebst alle Kinder.
Wir wollen dir unsere Liebe zeigen.
Wir wollen alles tun, was wir können,
um allen Kindern
auf der ganzen Welt zu helfen.
Wir wollen ihnen helfen,
dich mehr und mehr kennenzulernen
und zu lieben.
Wir wollen alle Kinder lieben.
Wir wollen für alle Kinder beten.
Wir teilen alle guten Dinge
mit anderen Kindern,
wo immer sie leben:
hier oder irgendwo auf der Welt.
aus Australien

Ich bete so gerne das Vaterunser.
Ich überlege:
Guter Gott, ich darf zu dir Vater sagen.
Ein Waisenkind hat niemanden,
zu dem es Vater sagen kann.
Wer das Vaterunser betet,
kann kein Waisenkind sein.
Mein Vater hat mir das Leben gegeben,
ich bin sein Kind.
Du hast mir auch das Leben gegeben.
Ich höre mein Herz schlagen
und meine Stimme singen.
Ich bin auch dein Kind, guter Gott.
Wenn ich das Vaterunser bete,
weiß ich, daß ich dein Kind bin.
Ich weiß, daß du mich liebst,
wie ein Vater sein Kind liebt!
Ich danke dir,
daß ich dein Kind sein darf.
»Kind Gottes«:
Ich bin stolz auf diesen
wunderschönen Titel.
aus Lateinamerika

Herr, wenn du auch
so einen guten Freund
wie ich hast,
dann hast du Glück.
Mein Freund und ich,
wir verstehen uns gut.
Wir gehen zusammen zur Schule
und spielen auch zusammen.
Laß uns immer Freunde bleiben, Herr.
Amen.
aus Pakistan

Morgengebet aus Afrika

Wir sind erwacht.
Der Schlaf ist noch in unseren Augen,
aber auf unseren Lippen
soll sofort dein Lob sein.
Wir loben und preisen und beten dich an.

Wir, das ist die Erde,
das Wasser und der Himmel.
Das sind die Gräser und Sträucher und Bäume.
Das sind die Vögel und all das andere Getier.
Das sind die Menschen hier auf der Erde.

Alles, was du erschaffen hast,
freut sich an deiner Sonne
und an deiner Gnade und wärmt sich daran auf.

Der Tag glänzt auf den Gräsern.
Der Nebel hängt noch in den Bäumen,
und ein milder Wind
verheißt einen guten Tag.

Dürfen wir uns nicht an allem freuen,
was du geschaffen hast?
Wir wollen es.

Darum sind wir so fröhlich
in dieser Morgenstunde, o Herr.
Mach, daß die Stunden und Minuten
nicht in unseren Händen zerrinnen,
sondern daß wir in deiner Zeit leben.
Amen.

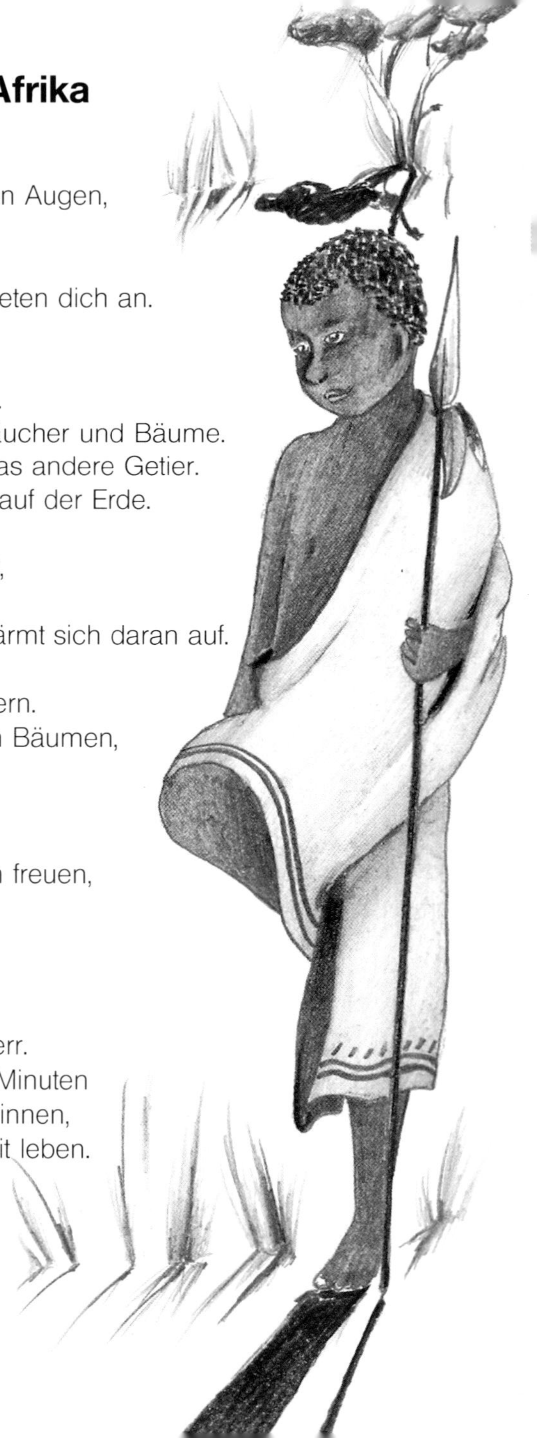

Abendgebet der Sioux-Indianer

Gott, du bist mein Vater,
du bist meine Mutter.

Jetzt werde ich schlafen
unter deinen Füßen,
unter deinen Händen,
du Herr der Berge und der Täler,
du Herr der Bäume
und aller Schlinggewächse.

Morgen ist wieder ein Tag.
Morgen kommt wieder das Sonnenlicht.
Ich weiß nicht, was dann sein wird.
Meine Mutter und mein Vater wissen es auch nicht.

Nur du, Gott, siehst mich.
Du hütest mich auf jedem Weg,
in jeder Dunkelheit, vor jedem Hindernis,
du mein Herr, du Herr der Berge und Täler.

Du weißt, was ich heute gesagt habe,
ob es gut war oder böse,
ob es zuwenig war oder zuviel.
Du aber vergibst mir all meine Verfehlungen.

Vater im Himmel,
jetzt will ich meine Hände falten und beten.
Den ganzen Tag konnte ich
mit diesen zwei Händen
spielen nach Herzenslust
und den Ball werfen.
Jetzt will ich meine Hände falten und beten.
aus Indonesien

Mit der Erde kannst du spielen,
spielen wie der Wind im Sand,
und du baust in deinen Träumen
dir ein buntes Träumeland.
Mit der Erde kannst du bauen,
bauen dir ein schönes Haus,
doch du solltest nie vergessen:
Einmal ziehst du wieder aus.
  Eine Handvoll Erde,
  schau sie dir an.
  Gott sprach einst: Es werde!
  Denke daran.

Auf der Erde kannst du stehen,
stehen, weil der Grund dich hält,
und so bietet dir die Erde
einen Standpunkt in der Welt.
In die Erde kannst du pflanzen,
pflanzen einen Hoffnungsbaum,
und er schenkt dir viele Jahre
einen bunten Blütentraum.
  Eine Handvoll Erde,
  schau sie dir an.
  Gott sprach einst: Es werde!
  Denke daran.

Auf der Erde darfst du leben,
leben ganz und jetzt und hier,
und du kannst das Leben lieben,
denn der Schöpfer schenkt es dir.
Unsre Erde zu bewahren,
zu bewahren das, was lebt,
hat Gott dir und mir geboten,
weil er seine Erde liebt.
  Eine Handvoll Erde,
  schau sie dir an.
  Gott sprach einst: Es werde!
  Denke daran.

Gebet für eine gute Ernte

O Gott,
du unser Vater,
du, von dem alle Kraft stammt,
du, der uns alles schenkt,
wir bitten dich,
nimm unsere Gaben an,
die wir dir jetzt anbieten,
und hab ein Ohr für unsere Gebete!

Wir bitten dich:
Schenke uns eine gute Ernte
und segne uns alle.
Wir wissen, daß du groß bist
und von Ost bis West alle Völker dich rühmen.

Gott, Allmächtiger,
der weiß, was wir essen und was wir trinken,
mach unsere Ernte gut und reichlich,
damit wir leben können
und damit wir in der Lage sind,
dir immer dankbarer zu werden.
aus Afrika

Tischgebet

Jesus, du hast Brote und Fische gesegnet
und an viele Männer und Frauen verteilt.
Du hast keinen Menschen vergessen.
Du hast alle glücklich gemacht.
Segne dieses Essen und auch uns.
Hilf uns, daß wir das Essen gerecht verteilen.
Keiner darf hungrig fortgehen.
Alle sollen essen und sich freuen.
Wir danken dir für unseren Anteil
an diesem guten Essen.
aus Papua-Neuguinea

Ein Friedensgruß aus Pakistan

Vater unser!
Du bist der Gott des Friedens.
Alle Menschen sind deine Kinder.
In der Welt ist aber so viel Unfriede und Haß.
Viele Menschen müssen ihre Heimat verlassen.
Sie sind auf der Flucht, im Krieg, hungrig, krank.
Sie werden getötet, damit andere mächtig bleiben.
Unschuldige leiden, sterben.
Ich verstehe das alles nicht, Herr,
was kann ich schon tun?
Du aber hast uns den Frieden versprochen,
allen Menschen, die guten Willen haben.
Wer hat schon guten Willen,
wenn es um den anderen geht?
Du hast alle aufgerufen, für den Frieden zu arbeiten.
Der gute Wille dazu fehlt uns oft.
Vielleicht muß ich bei mir anfangen.
Ich muß, ich will mich einsetzen.
Aber es ist nicht so leicht.
Friede muß klein anfangen,
wachsen und sich ausbreiten.
Friede beginnt bei mir, von Mensch zu Mensch.
Mache uns zu Friedensboten, Herr. Amen.

Gebet eines chinesischen Christen

Herr, erwecke deine Kirche
und fange bei mir an.
Herr, baue deine Gemeinde
und fange bei mir an.
Herr, laß Frieden und Gotteserkenntnis
überall auf Erden kommen
und fange bei mir an.
Herr, bringe deine Liebe und Wahrheit
zu allen Menschen
und fange bei mir an.

Ein Mann sagte zu einem Weisen: »Ich kann jetzt beten, die Gebetsschule ist zu Ende.« Der sagte: »Du wirst immer wieder neu beten lernen müssen. So, wie man betet, reicht es nie aus. So wie du dich jeden Tag veränderst, mußt du auch jeden Tag dein Beten verändern.«

Manche Leute beten auch noch im Alter Gebete, die sie als kleine Kinder gelernt haben. Ob ihnen das wirklich in ihrer Beziehung zu Gott hilft?
Beten muß ein Leben lang immer wieder neu gelernt werden. So wie Du größer wirst, Dich immer wieder veränderst, so muß auch Dein Beten anders werden.
Schließlich sollst Du ja im Beten Dein Leben vor Gott aussagen. Das Beten eines Kindes ist deshalb anders als das Beten eines Jugendlichen und das wieder anders als das eines Erwachsenen. Du brauchst auch immer wieder neue Gebete. Vieles wird Dir für Dein Beten selber einfallen, Dein Beten kann aber auch durch Gedanken bereichert werden, die andere gedacht und aufgeschrieben haben.
Zu selbstformulierten Gebeten müssen Gebete hinzukommen, die von allen Christen gemeinsam gesprochen werden können: Grundgebete der Kirche.

- Suche in Kinder- und Jugendgebetbüchern neue Gedanken für Dein Beten.
- Versuche, immer wieder ein neues Gebet zu lernen, so daß Du eine größere Auswahl hast.
- Lerne einen Grundstock von gemeinsamen Gebeten der Kirche. Sie helfen Dir auch in Zeiten, wo eigenes Beten schwerfällt.

Gebetsschule für Kinder 8

Beten heißt: Wachsen und reifen.

Ein Wort zum Schluß

Liebe Eltern,

dieses kleine Gebetbuch will Ihrem Kind zu eigenständigem und altersgemäßem Gebet verhelfen. Dabei geht es uns neben den wichtigen Grundgebeten der Kirche und der christlichen Tradition besonders um Anregungen zu einem freien Beten. Wir verstehen Beten als einen lebenslangen Lernprozeß, immer wieder neu muß Beten gelernt werden, vom Kind, vom Jugendlichen und auch vom Erwachsenen. Damit Ihr Kind leichter seine eigene Lebenssituation mit christlichem Glauben verbinden kann, begleiten zwei Beispielkinder, David und Sara, uns durch das ganze Buch. Sie sind auch die Beispielkinder des Glaubensbuches für 9–13jährige »Lebensringe 2«, das parallel zu diesem Buch entwickelt wurde. Da viele Themen sich überschneiden, lohnt sich auch eine gemeinsame Verwendung beider Bücher.

Glauben lernen und Beten lernen sind lebenslange Prozesse. So sind bereits für kleinere Kinder die beiden Bücher »Lebensringe 1« und das dazu passende Gebetbuch »Du gehst mit mir« erschienen. Wir setzen deshalb die Reihe »Lebensringe« auch für Jugendliche (Band 3) und für Erwachsene (Band 4) fort. Parallel dazu gibt es jeweils ein Gebetbuch für die betreffende Altersstufe.

Anregungen zum Beten bleiben unfruchtbar, wenn sie nicht ständig genutzt werden. Wir wünschen diesem Buch deshalb, daß es zu einem »Gebrauchsgegenstand des täglichen Lebens« Ihrer Familie wird.

Hanne Schulz — Hermann-Josef Frisch
Illustratorin — Autor

Fotonachweis
S. 11 Herzog/present, Essen. – S. 19, 35 KNA-Bild, Frankfurt. – S. 27, 43, 47, 55 Giovanni – Johannes Puff, Bonn. – S. 63 Radtke/present, Essen.

Textnachweis
S. 45 (3) Gotteslob 168. – S. 46 (1) Gotteslob 65,1. – S. 49 (3) T: Kurt Rommel, M: Gerd Watkinson, nach: Blass/Seidel/Zils, Lieder zum Thema Weihnachten, G. Bosse Verlag, Regensburg 1972. – S. 56 (2), 57, 59 (2) aus: Du bist mein Freund. Kindergebete aus den jungen Kirchen, missio aktuell Verlag, Aachen. – S. 58 Fritz Pawelzik, Ich werfe meine Freude an den Himmel. Gesammelte Gebete aus Afrika, Aussaat Verlag, Neukirchen-Vluyn [2] 1982. – S. 60 T: Reinhard Bäcker, M: Detlev Jöcker, aus: Liedspielheft und MC »Heut ist ein Tag, an dem ich singen kann«, Kopier- und Verlagsrechte im Menschenkinder Verlag, Münster. – S. 61 (1) aus: Laß Frieden sein in diesem Korb. Gebete aus den jungen Kirchen, missio aktuell Verlag, Aachen. – S. 61 (2) aus: Leben in Geborgenheit. Familiengebete aus den jungen Kirchen, missio aktuell Verlag, Aachen. – S. 62 (1) Joseph Hopfgartner, Leben im Glauben, missio aktuell Verlag, Aachen. – S. 62 (2) © Chris Herbring Musikverlag.